AF317259

ADRESSE DU PEUPLE

AU

PAYS LÉGAL.

PAR M. JULES GOUACHE.

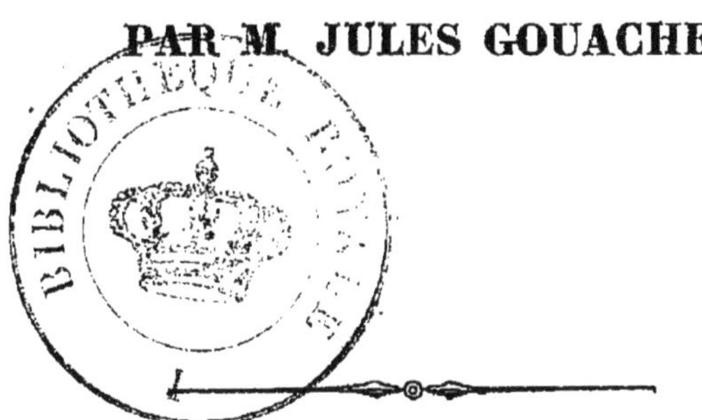

PARIS.

ALBERT FRÈRES, ÉDITEURS,

2, RUE LOUVOIS, PLACE RICHELIEU.

1847

Imprimerie Dondey-Dupré, rue Saint-Louis, 46, au Marais.

ADRESSE

DU PEUPLE.

A en croire les paroles mises dans la bouche du roi par ses ministres et les menteuses félicitations de la Chambre des députés, il faudrait se trouver heureux et rendre grâces au gouvernement du magnifique avenir réservé à la France.

Pourquoi donc ces discours ont-ils été accueillis avec indignation, avec douleur?

C'est que dans ces pâles discours on dissimule les plaies du pays, on cache ses douleurs, on ment aux sympathies populaires.

Quand la paix est chancelante, que l'armée n'est pas équipée, que la flotte n'existe que sur le papier, devant les éventualités qui peuvent survenir on ne peut accepter une situation aussi déplorable, et regarder comme une nécessité ce qui n'est qu'une faiblesse. Aussi, ces discours menteurs onts-il besoin d'une réponse franche; et le malaise général d'une nation comme la France, grande par l'étendue de son territoire, par la quantité de ses produits, grande surtout par ses tendances libérales, par ses instincts démocratiques, ne peut pas être effrontément déguisé, même aux hommes du pays légal, sans qu'un homme du peuple fasse entendre une protestation énergique.

Il semble étrange sans doute que le tableau de la situation doive être peint avec des couleurs aussi noires, dans un pays *jouissant* d'une constitution si *libérale*, que son premier article proclame l'égalité absolue de tous les citoyens. Tant de gens ont un intérêt si grand à soutenir des doctrines favorables à la masse, qu'il paraît impossible de substituer la satisfaction des coteries à une universalité si nettement formulée. La presse indépendante, libre aux termes de la loi, n'est-elle pas la sentinelle vigilante des droits de tous? Le peuple n'est-il pas assez instruit pour surveiller ses libertés et prévenir toute usurpation? Les électeurs ont-ils oublié les enseignements de l'histoire? Les Chambres ne sont-elles plus les organes du pays? Les ministres ne sont-ils plus les représentants de la majorité? Le roi est-il en lutte ouverte avec ceux qui lui ont donné sa couronne?

Ou bien, encore, le système de la pondération des pouvoirs est-il une jonglerie ridicule?

Pour répondre à toutes ces questions, il suffit de tracer l'histoire de la situation actuelle.

Il ne devrait y avoir qu'un gouvernement dans un pays, et ce gouvernement devrait exprimer par ses actes la pensée du pays : or, le pays, c'est le roi; c'est le ministère ; ce sont les Chambres, les électeurs ; c'est le peuple surtout, le peuple qui paye l'impôt, le peuple qui défend le sol contre l'agression de l'étranger, le peuple qui l'arrose de sa sueur et le féconde par son bras, le peuple qui forge le soc de la charrue et qui fouille les entrailles de la terre pour en retirer le fer, la houille, le charbon ; le peuple qui, jadis, était l'esclave des rois, mais qui depuis a recouvré son indépendance et sa souveraineté, le peuple dont la volonté fait loi, car sa volonté seule est légitime.

Lorsqu'un pays souffre, c'est le peuple qui supporte la plus grande masse des souffrances : mais il ne peut y avoir de malaise pour le peuple que lorsqu'une conspiration vient lui ravir sa part de bonheur matériel ou moral. Si donc aujourd'hui le peuple se plaint, c'est qu'il a contre lui des ennemis qui veulent confisquer à leur profit et à son détriment un peu de ce bien-être qui lui est dû.

Ce sont là les conspirateurs qu'il faut découvrir et démasquer.

En acceptant les distinctions faites par la Charte, il faut chercher ce qu'est chaque classe, ce qu'elle doit être, et de la comparaison de ces deux états ressortira évidemment une lumière qui guidera dans la recherche du mal.

La constitution de 1830 reconnaît cinq pouvoirs subordonnés à un sixième.

Ces pouvoirs sont:

1° Le roi;

2° Les ministres ;

3° Les Chambres ;

4° Les électeurs ;

5° La presse ;

6° Le peuple.

Les cinq premiers pouvoirs doivent être les organe du sixième, car le peuple est le seul souverain légitime; il l'a prouvé en 1793 en tuant un roi coupable; en 1830, en chassant une dynastie criminelle. D'après la

Charte, le roi n'est qu'un citoyen comme un autre : un député, un journaliste, un prolétaire ont autant de droits que le roi. Cela est si vrai, que si des courtisans veulent que le roi puisse manger des perdrix toute l'année, ils sont obligés de faire une loi qui donne cette permission à leur maître. Aujourd'hui, comme toujours, le peuple est donc le souverain, et la légitimité ne réside qu'en lui. Tout se rapporte à lui, tout est ordonné par lui : c'est pour n'avoir pas accepté cette loi naturelle que deux rois sont tombés, en France, à quarante ans de distance l'un de l'autre.

Le pouvoir royal réside aujourd'hui dans une famille. Grâce au privilége qu'il tient du peuple, privilége essentiellement révocable, puisqu'il est subordonné à l'exécution loyale du contrat passé entre le peuple et le roi, grâce à ce magnifique privilége, la personne du roi est inviolable et sacrée, sauf, répétons-le bien, l'observation fidèle de la Charte constitutionnelle, aux termes mêmes de l'article 45 de cette Charte. Cette distinction est de la plus haute importance, car sans cette garantie donnée au peuple, le roi, dont la personne est inviolable, dont les actes personnels sont indiscutables, qu'on nous passe le mot, le roi serait purement et simplement un roi absolu, Napoléon ou Louis XIV, sauf le génie.

Les lois de septembre empêcheront toujours un écrivain d'établir la comparaison entre le roi tel qu'il doit être et le roi tel qu'il est : après avoir posé les bases du contrat conclu entre la royauté et le peuple, il faut se taire et passer outre.

Cependant, avant de parler des ministres qui, depuis plus de six ans, se sont faits les plus humbles valets de la *pensée du règne*, avant d'examiner et d'apprécier la situation politique créée à notre pays par MM. Guizot, Soult, Duchâtel et leurs complices, il faut aborder ce sujet épineux qui traite du système, de la pensée du règne.

Un journal attribuait au roi une parole bien grave, quoique ce fût un éloge : M. Guizot était prétentieusement décoré du titre de *ministre de ce règne* par Louis-Philippe lui-même ; malgré l'emphase de cette louange exagérée, comme M. Guizot n'a pas, grâce à Dieu, régné de 1830 à 1847, c'est une parole qu'il nous faut expliquer.

Le seul but poursuivi avec acharnement depuis 1830 se résume en deux mots : la paix à l'extérieur, à l'intérieur le silence.

Trois ministres ont, depuis 1830, imprimé à la politique du pays une impulsion directe vers ce double résultat, et tous les trois ont donné des gages de leur adhésion à ce système ; tous les trois ont obtenu la paix à l'extérieur ; tous les trois ont lutté énergiquement pour obtenir le silence à l'intérieur. Or, M. Molé et M. Thiers ne sont plus ministres, et l'un et l'autre ont laissé échapper le pouvoir de leurs mains débiles pour avoir été trop faibles contre les instincts libres de la nation : les gages qu'ils avaient donnés n'ont pu les sauver de leur chute, et M. Guizot est ministre depuis plus de six ans !

Quelle est donc la cause de cette longue et mystérieuse faveur ?

M. Molé, si ardemment enthousiaste du despotisme impérial, avait lâchement abandonné Ancône, mais il n'avait pas su obtenir du parlement le vote des lois de disjonction et de déportation.

M. Thiers, jadis fauteur des idées de progrès et de libéralisme, avait bien suivi la ligne tracée par le système en autorisant les massacres de Lyon et les égorgements de la rue Transnonain, en arrachant les lois de septembre à la Chambre lâchement effrayée, il avait bien construit la ceinture des forts en même temps qu'il avait rappelé l'amiral Lalande malgré le canon de Beyrouth, mais il n'avait pas su faire taire la conscience du peuple, qui n'était pas agenouillé devant l'insulte ; il avait laissé chanter un hymne saint, mais qui a le tort de rappeler au souvenir les crimes de la tyrannie.

M. Molé, puis M. Thiers ont été sacrifiés.

M. Guizot, plus habile, a proscrit *la Marseillaise* et baisé les pieds de l'Angleterre ; il a désavoué un amiral dont il a su acheter l'assentiment personnel ; il a donné la régence à un fils du roi, une infante à l'autre ; il a laissé rayer la Pologne de la carte de l'Europe et tendu la main à son ami le bourreau Metternich....... et cela, sans que l'indignation publique eût fait explosion !.....

N'est-ce pas là vraiment le ministre de ce règne, l'exécuteur des hautes-œuvres du système ?

Ces quelques lignes ont démontré l'attitude du ministère du 29 octobre. Peut-on comparer leur politique avec celle d'un ministère qui, dans un gouvernement constitutionnel, doit être l'expression des vœux du parlement ? à cette condition, l'expédition matérielle des affaires publiques et privées, l'ordre dans les ad-

ministrations, la régularité dans les budgets, l'amélio-
ration dans l'intérieur du pays, la dignité dans les rapports diplomatiques, la force dans la paix, sont possi-
bles, car le gouvernement suit une marche fixe, inva-
riable ; les différents pouvoirs s'harmonisent, et l'avenir
se consolide. Les ministres conservent une indépendance honorable : ce ne sont plus les valets d'un maître, des machines inintelligentes, des trembleurs dont la
faiblesse les fait servir de jouet aux agents de l'étranger,
ce sont les représentants d'une nation forte, respectée ;
on les estime, on accueille leurs observations avec complaisance, avec intérêt ; leurs paroles ont de l'influence,
leurs pensées du poids. Que la nation qui accepte leur
direction soit monarchie absolue, gouvernement constitutionnel, république, l'accord, la communauté de vues
amènent de brillants et utiles résultats, dont chacun
bénit la réalisation.

Il faut, dans un gouvernement représentatif, pour
arriver à ce but, que le pouvoir électif reçoive son
mandat de ses mandataires directs : qu'aucune influence étrangère ne puisse en altérer, en dénaturer
l'expression. Il faut que l'élection, cette garantie puis-
sante des majorités, soit loyale. Quel moyen de recon-
naître la vérité, si une cause imprévue vient à vicier
des opérations qui ont avant tout besoin de sincérité ?
Quelle garantie peut avoir le pays dans une majorité
nommée par la corruption, corruption morale ou corruption matérielle ? L'élection n'est-elle pas moins vé-
nale, que l'électeur ait vendu sa voix pour un billet de
banque ou une croix d'honneur, pour un bureau de
tabac ou une action du Nord ? Et si la corruption vient
à s'organiser publiquement, si le candidat établit son

marché, si la vente se fait à l'enchère? Que penser du pays dans lequel un système aussi ignoblement corrupteur est mis à l'ordre du jour?

Plaignons le peuple dont la patience accepte ces tristes épreuves sans avoir recours au droit de la force : du moment où les organes légaux du peuple ne luttent plus pour le défendre, mais ne songent plus qu'à l'asservir, du moment où la violence remplace le droit, et l'exploitation la justice, il ne reste plus d'espoir dans la résistance légale, dans la politique d'inertie, car, alors, tous les pouvoirs constitués par la loi fondamentale conspirent unanimement contre les tendances de progrès : pour les privilégiés, alors chaque mot change sa signification; dans la langue officielle, la liberté c'est l'anarchie, le progrès c'est la réaction, et l'on est obligé d'inventer de nouvelles périphrases pour cacher de nouvelles hypocrisies. C'est ainsi que les réacteurs hypocrites déploient pompeusement un drapeau sur lequel ils s'intitulent avec emphase : Conservateurs progressistes, comme si l'avenir d'un pays libre devait faire un pays esclave, comme si le temps dans ses révolutions devait ramener 1815 après 1830, le quinzième siècle après le dix-huitième; le despotisme peut avoir son jour de triomphe, mais sa chute n'en sera que plus lourde et plus honteuse.

Le peuple, qui n'a pour lui que son bon droit, qui ne peut exprimer ses craintes ni même ses souffrances, le peuple à qui l'on défend de s'éclairer par la discussion, puisqu'on lui refuse de se réunir, le peuple, déshérité de tout, acceptera-t-il toujours cette cruelle situation? La presse qui pouvait parler en son nom, on la bâillonne, et si, malgré ses entraves et ses fers, elle ose se plaindre et crier, on la tue : les lois rétrogrades se succèdent les unes aux autres, car le despotisme devient plus hardi, plus insolent, et se retranchant derrière cette ombre de légalité, la loi qu'il impose par lui-même, qu'il fait pour lui contre la masse, pour le privilégié contre le prolétaire, il invoque cette loi ou la brise, selon qu'elle sert son ambition ou nuit à son caprice.

La presse muette, le peuple muet, qu'est-ce donc qui s'oppose à la tyrannie?

Il semble, en effet, qu'il ne reste plus aucun obstacle au crime, il semble qu'il faille se courber et gémir en silence : l'histoire même paraît donner un démenti à l'inviolabilité des peuples, puisque la Pologne n'existe plus sur la carte du monde, et qu'il a suffi de trois larrons pour la voler audacieusement. Non, non, cent fois non! on peut enlever à un peuple ses institutions, sa religion, son langage, son nom même, mais on ne le tue pas, car les droits des peuples sont imprescriptibles; Dieu lui-même dans sa toute-puissance ne pourrait pas les anéantir, car ces droits ne sont pas écrits sur des tables de marbre ou d'airain que l'on brise, mais dans le cœur des hommes. La Judée est morte, mais les Juifs existent toujours : la Pologne a été violée par trois bourreaux, mais elle est toujours pure; sa léthargie est longue, mais l'heure du réveil sera l'heure de la vengeance. Malheur alors à ceux qui auront conseillé, facilité, consommé l'attentat!

C'est ainsi, qu'au lieu des sentiments de fraternité et d'amour qui devraient unir les gouvernements et les peuples, et de la grande famille humaine ne faire qu'une sainte et heureuse famille, le despotisme engendre des ferments de vengeance et de haine. La justice absout la révolte légitime des peuples contre la conspiration des gouvernements criminels ; Louis XVI tombe sous la hache révolutionnaire, Charles X fuit devant la générosité d'une nation qui pardonne.

Il y a une certaine puissance occulte, mystérieuse, fatale, qui entraîne les gouvernements tyranniques à leur perte : malgré les avertissements réitérés d'hommes prudents et consciencieux peut-être, ils sont poussés dans une voie criminelle avec une rapidité qui tient du prodige; loin de chercher à adoucir, à calmer, à abuser les peuples par de vaines mais hypocrites concessions, ils entassent fautes sur fautes, crimes sur crimes, comme pour ouvrir les yeux à l'ignorant le plus crédule, et, quand l'heure des complaisances est passée, quand le peuple irrité n'écoute plus que la voix de la colère, le fol orgueil des despotes les abandonne; ils demandent bassement grâce et pitié, et, non contents d'avoir mérité la haine, ils semblent ambitionner le mépris.

Si l'on insiste aussi fortement sur ces exemples frappants de notre histoire nationale, c'est moins pour rappeler à la mémoire les fautes de la royauté que pour constater encore une fois le principe de la souveraineté des peuples. Toujours les peuples ont eu le dessus dans ces luttes coupables commencées contre leur liberté, contre leur indépendance : la justice de leur cause a déjoué toutes les intrigues, tous les complots. Qu'est-ce, en effet, que le droit de la force contre le progrès de l'humanité ? Les armes du despotisme finissent par être tournées contre lui-même; des massacres de la Gallicie va naître une révolution sociale contre le brigand qui les a organisés, du vol de Cracovie est sortie l'annulation des traités de Vienne, et par suite la souveraineté plus incontestable de l'héroïque Pologne. Les trois bourreaux de l'Occident ont anéanti toute espérance des peuples par ce sanglant sacrilége, et du même coup ils se sont fait des millions d'ennemis, et d'ennemis acharnés qui ne pardonnent pas.

Pour la démocratie, le jour où l'indépendance de Cracovie a été officiellement détruite, a été le premier jour d'une ère nouvelle : les trônes constitutionnels ont tremblé au cri de douleur et de désespoir poussé par les amis de la Pologne jadis expirante : autrefois, on pouvait flatter les peuples par d'ironiques consolations, mais si aujourd'hui Varsovie illumine ses maisons à l'anniversaire d'un stupide et brutal bourreau, on sait que c'est *sous peine de mort ;* si aujourd'hui l'ordre règne à Varsovie, c'est que les citoyens de la ville des Sobieski et des Kosciusko creusent les mines de la Sibérie en pleurant dans l'exil au souvenir des glorieux combats dans les plaines de Vienne !

L'incorporation de Cracovie à l'Autriche a donné à la France une heureuse occasion de se soustraire à la funeste influence de ces traités de Vienne dont son gouvernement avait osé accepter l'héritage lors de la chute de la restauration. Bien des gens, abusés par les théories complaisantes des courtisans du système, avaient vu ou cru voir dans ces traités la base du droit politique européen, comme si la loi imposée par le fort contre le faible pouvait être légitime, comme si les peuples pouvaient être liés par les crimes des despotes étrangers ; mais aujourd'hui, ceux que la révolution de 1830 n'a pas éclairés , ceux que le soulèvement de la Belgique n'a pas désabusés, ceux que le martyre incessamment renouvelé de la Pologne n'a pas rappelés aux règles de la raison en 1831, en 1834, en 1846, doivent se trouver libres enfin ! Puisqu'ils ne le déclarent pas hautement, qu'ils se soumettent encore à une diplomatie outrageante, ils ne doivent plus espérer ni pardon ni répit. Puisqu'ils laissent insulter la France et se rendent complices de l'attentat contre lequel ils ne protestent pas énergiquement, oh! alors, malheur à eux ! Puisqu'ils n'entendent pas les sourds avertissements de la foudre, qu'ils ne voient pas grandir le nuage qui s'élève et obscurcit le ciel, ils seront surpris par la tempête, et les flots courroucés engloutiront le vaisseau abandonné par la lâcheté du pilote à la fureur de la tourmente.

On est obligé de faire ces étranges observations en présence des faits nombreux dont la lâche conclusion est chaque jour reprochée au gouvernement par les vrais amis du pays. Il est triste d'avoir à prophétiser un si triste avenir, quand les réponses semblaient si simples, si logiques et surtout si généreuses ; mais en présence d'hommes d'état transfuges de Gand ou chevaliers de l'ancienne cour, s'étonnerait-on de quelque chose? L'indemnité Pritchard ne réclamerait-elle pas son pendant? le jour de Transnonain n'aura-t-il pas son lendemain ?

Quand la révolution lançait ses quatorze armées de conscrits à la rencontre des anciennes bandes de la Prusse et de l'Autriche, de l'Espagne et de l'Angleterre, quand nos soldats inexpérimentés guidaient leurs frères contre les officiers transfuges de Coblentz, les marquis poudrés et les rois absolus tremblaient au nom de la république française ; et alors, cependant, la famine désolait nos campagnes, l'intrigue allumait la Vendée, le trésor était vide. Aujourd'hui, dit-on, la France a le plus beau budget du continent, la prospérité s'accroît de jour en jour, le gouvernement est assis sur des bases solides, et malgré ces signes de force et de puissance, la France est seule encore, mais avilie, méprisée dans ses ministres ; on prodigue l'insulte à ses représentants ; on lui fait payer sa gloire, on lui fait payer sa honte.

Mieux vaut l'honneur sans le repos que l'infamie à ce prix.

Et nous exagérons si peu, qu'avant d'entrer dans le détail de toutes ces lâchetés, de toutes ces ignominies, de toutes ces horreurs, nous nous demandons s'il ne vaudrait pas mieux dissimuler cette hideuse situation que de toucher cette plaie gangrénée. Mais non, le devoir parle, et sa voix est inexorable : quand le mal est connu, sa guérison est facile.

Après ce que nous avons dit, nous pouvons signaler la cause du mal dans le système égoïste, qui, cherchant son appui ailleurs que dans le pays, est obligé, par cela même, de repousser toute intervention nationale, et d'accepter une protection souvent onéreuse, toujours exigeante, parce qu'elle n'a point d'intérêt sensible, immédiat, actuel, impérieux. Les faits viennent surtout à l'appui de cette opinion, et ces faits, qu'il nous serait difficile d'énumérer d'une manière complète, nous nous bornerons à les expliquer le plus succinctement, le plus clairement possible.

Certes, le mal vient de haut ; mais quelle que soit sa

force, il n'en est pas moins vrai que plus il résiste à l'épreuve du temps, plus le progrès sera difficile à appliquer : il ne faut point, pour une expérience malheureuse, désespérer de l'avenir, et briser au premier échec l'arme du combat : il faut rester fidèle au drapeau, à l'idée, au principe ; car tôt ou tard la vérité triomphe ; si sanglante qu'ait été la lutte, la victoire couronne toujours le bon droit.

Si donc le tableau que nous allons tracer se présente avec de sombres couleurs, il ne faut pas en tirer une conclusion funeste, mais plutôt avoir confiance en la bonté de la cause sacrée des peuples.

Nous n'avons pas la prétention de dresser le bilan politique des seize dernières années. Sans accepter, comme d'inertes et ambitieux déclamateurs, la théorie des faits accomplis, nous voulons au tableau présenté par le gouvernement opposer un autre tableau, qui diffère d'autant plus qu'il est plus vrai.

Voici la situation en deux mots : au dehors, l'isolement, la faiblesse, la peur ; au dedans, la misère, le mécontentement, l'incertitude de l'avenir.

La diplomatie ministérielle se trompe-t-elle ? nous trompe-t-elle ? ou bien avons-nous tort ?

L'emphase avec laquelle on nous parlait de la prospérité croissante quand nous marchions en plein déficit doit nous mettre en garde contre les assertions du gouvernement. L'impudence des démentis devenue proverbiale doit nous faire remonter aux sources de la vérité.

Les rapports du gouvernement avec les puissances étrangères ne sont pacifiques que lorsqu'ils sont chèrement payés.

Nous ne dirons donc qu'un mot sur les prétendus succès dont se flatte si audacieusement le gouvernement de notre pays ; et nous n'aurons nul besoin d'être long dans nos explications, qui n'en seront pour cela ni moins claires ni moins logiques.

L'entente cordiale avec l'Angleterre, entente cordiale non moins chèrement payée au Maroc qu'à Taïti, par l'argent des contribuables et le sang de nos braves marins, l'entente cordiale n'existe plus même de nom.

Le mariage de M. de Montpensier est le résultat d'une mystérieuse et criminelle énigme, dont les fatales conséquences ne tarderont pas à nous donner le dernier mot.

On sacrifie le pape à l'Autriche, comme on a sacrifié Méhémet-Ali à l'Angleterre, comme on sacrifierait bientôt la Suisse à Metternich, Tunis à Palmerston, si la France laissait éclater ces complots contre la liberté des peuples dans l'intérêt des tyrans.

Le traité de commerce conclu naguère avec ce tyran imbécile et cruel des Russes a été payé par le vol de Cracovie, par l'assassinat de la Pologne.

Voilà le bilan de la situation politique, voilà le résultat des succès d'intrigues, des révolutions de cour, des ambitions de dynastie, depuis quelques mois seulement ! et, en outre, que de lâchetés inconnues ! que d'ignominies cachées !

Les sacrifices à l'entente cordiade ont-ils été assez grands, les exigences ont-elles été assez nettes ? A-t-on reculé devant la honte et le ridicule ? Non, rien n'a coûté. Et, pour le prouver, nous n'avons besoin que de citer un fait important, caractéristique, mais qui a passé presque inaperçu au milieu des clameurs sus-

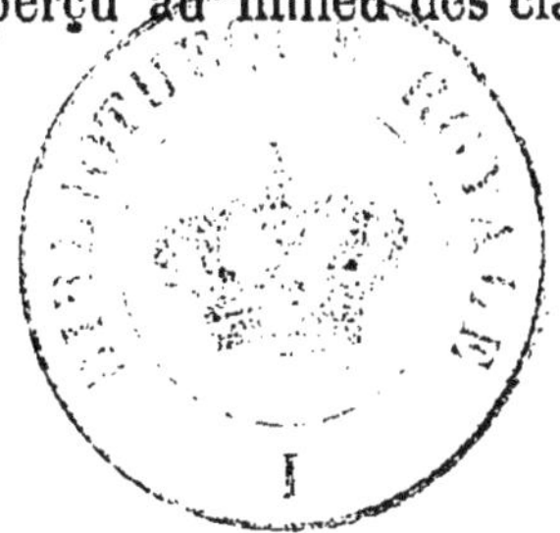

citées par un mariage imprudent, et qui aurait été étouffé par le cri de douleur poussé par nos frères de la Vistule, et ce fait, c'est l'historique rapide de la dernière négociation à la Plata.

Le gouvernement a dans les eaux de Buénos-Ayres et de Montévideo un agent officiel, M. Deffaudis, chargé apparemment de protéger nos compatriotes auprès des autorités américaines; accrédité auprès des puissances rivales, il est chargé de conclure un arrangement favorable à nos intérêts politiques et commerciaux. La France et l'Angleterre ont des intérêts différents; et M. Deffaudis s'applique à effacer la dissemblance pour arriver à une union cordiale, qui seule peut rétablir la paix sur les bords de la Plata. Or, il a paru aux yeux de M. Guizot que M. Deffaudis ne remplissait pas convenablement le mandat dont il était chargé; du moins il faut le présumer, car M. Guizot a donné des pleins-pouvoirs à un autre envoyé extraordinaire, bien qu'il n'eût pas rappelé M. Deffaudis, bien qu'il le comblât d'éloges. Mais savez-vous quel est l'envoyé extraordinaire? pouvez-vous le deviner? Un nommé M. Hood, homme de talent peut-être, mais l'envoyé extraordinaire de l'Angleterre, l'agent dévoué de lord Palmerston; et si M. Deffaudis trouve étrange ce procédé, s'il ne suppose pas que son rival ait des pouvoirs spéciaux pour des questions spéciales, on lui répondra qu'il ne sait ce qu'il dit, et on lui donnera tort contre l'étranger : à M. Hood les éloges; à M. Deffaudis les reproches.

Mais que retire le cabinet de cette complaisance, que l'on pourrait bien désigner sous un autre nom?

Des injures dans la presse officielle de ceux qu'il flatte et qui lui commandent, des outrages sanglants à nos consuls : et si ces derniers se plaignent de la honte qu'on leur impose, on les rappelle, on les révoque.

Est-ce donc là cette entente cordiale dont on était si fier ? Est-ce donc là le résultat de cette pérégrination à Windsor, de cette promenade au château d'Eu ? Les déclamations sur les traités d'Utrecht, de Bar et de Radstadt sont des prétextes : l'entente cordiale n'existe que quand la France la paye à l'Angleterre.

Quant au mariage' de ce jeune prince, mariage qui coûte si cher au pays en crédits supplémentaires et extraordinaires, en frais de courriers et en dépenses *secrètes*, pouvez-vous vous en vanter en face du pays sans baisser la tête, et détourner les regards quand il vous faut rendre compte de cette nuit mystérieuse dont les horribles secrets font rougir de honte et de mépris ceux qui en ont appris les monstrueux excès ?

Il est beau sans doute d'ensacher quelques millions, mais il y a des criminels que l'impunité ne sauve pas, et la honte n'épargne pas leurs complices ; déjà l'Espagne se charge de vous répondre, et à Madrid comme à Paris, malgré les menaces et la corruption, la vérité se fait jour, l'heure du combat s'approche, et la camarilla s'effraye.

Malheur à ceux qui vous écoutent, car votre protection attire sur eux des colères redoutables, impuissants que vous êtes à conjurer les orages que vous soulevez.

La nationalité polonaise ne périra pas, dites-vous, et la Pologne est détruite.

Les chrétiens de Syrie sont vos protégés, on les vole, on les pille, on les massacre.

Méhémet-Ali se fie à votre promesse de concours, et vous l'abandonnez sans lutte à ses ennemis mortels.

Ne protégez donc plus personne, ni les princes, ni les peuples, ni les nationalités : l'Italie veut marcher dans la voie du progrès, ne conseillez pas son futur régénérateur ; l'empire ottoman cherche à renaître à la vie politique, n'offrez point de l'aider dans son œuvre ; le bey de Tunis est séduit par vos fallacieuses promesses, il payera cher sa confiance en vous, s'il croit compter sur votre appui : votre alliance est fatale à ceux qui l'acceptent ! qu'Ahmet-Pacha redoute le sort de Méhémet-Ali, car déjà les cours étrangères ont protesté contre sa souveraineté. La comparaison des faits est trop évidente pour qu'il se laisse impunément entraîner vers l'espoir d'une indépendance sérieuse, et vous savez déjà que l'Angleterre, lui fermant ses ports, lui refusant l'hospitalité, l'a fait rétrograder, heureusement pour nos pauvres du Midi, dont il a su mériter la reconnaissance par sa générosité.

La Pologne elle-même !... Mais à ce nom sacré, il faut se taire : l'indignation règne dans tous les cœurs, la douleur se peint sur tous les fronts !... L'avenir promet l'espérance, et le crime sera puni.

Non, ne vous félicitez pas de votre politique extérieure, ne vous glorifiez pas de vos succès diplomatiques ; votre isolement trahit votre faiblesse, votre joie trahit votre honte.

Peut-il en être autrement, du reste ? Avez-vous la force nécessaire pour vous faire écouter, non pas même avec faveur, mais seulement avec respect ? Où sont vos soutiens, vos appuis ? Quelle est votre conviction ? Quels sont vos principes ? A l'intérieur, vous n'êtes plus ni faibles, ni lâches, ni timides, sans doute, mais contre qui vous armez-vous de défiances et de soupçons ?

Contre qui luttez-vous avec énergie, persévérance, acharnement? Quel est l'ennemi redoutable que vous poursuivez de vos haines et de vos colères?

Laissons parler vos actes, et la réponse sera accablante.

Et d'abord, constatons ce fait étrange et terrible à la fois, que pour le gouvernement le pays ce n'est pas la réunion de trente-cinq millions de Français soumis à la même constitution, parlant la même langue : non, la cruelle séparation du pays légal est inscrite dans les lois faites après la révolution de 1830, dans la création des citoyens privilégiés et des citoyens déshérités. Vers la fin du dix-huitième siècle, un homme disait : Qu'est-ce que le tiers-état? Rien ! Aujourd'hui l'on se demande : Qu'est-ce que le peuple? et la réponse est encore : Rien !

Tant que le peuple n'aura pas obtenu sa place légitime, tant que les lois restrictives du droit d'élection (1)

(1) *Loi du* 21 *mars* 1831 :

Art. 10. — Les conseillers municipaux sont élus par l'assemblée des électeurs communaux.

Art. 11. — Sont appelés à cette assemblée les citoyens *les plus imposés* AUX ROLES DES CONTRIBUTIONS FONCIÈRES âgés de vingt-et-un ans accomplis.

Loi du 22 *avril* 1831 :

Art. 1er. — Tout Français jouissant des droits civils et politiques, âgé de vingt-cinq ans accomplis *et payant* 200 *francs de contributions directes*, est électeur, s'il remplit d'ailleurs les autres conditions fixées par la loi.

Loi du 22 *juin* 1833 :

Art. 3. — Un membre du conseil général est élu dans chaque canton par une assemblée électorale composée des *électeurs* et des citoyens portés sur la liste du jury : si le nombre est au-dessous de cinquante, le complément sera formé par l'appel des citoyens *les plus imposés*.

ne seront pas abrogées et remplacées par d'autres lois, conformes à la lettre et à l'esprit de la Charte, il existera toujours des privilégiés, et qui crée des privilégiés dans un même état, proclame l'inégalité entre les citoyens, excite les passions mauvaises, stimule l'envie, engendre la haine, et donne une force d'autant plus redoutable aux citoyens privés de leurs droits, qu'il leur fait croire nécessairement, fatalement, à leur exploitation par les privilégiés. Peut-on empêcher le peuple de supposer ses intérêts menacés, compromis par le pays légal? peut-on, doit-on espérer sa résignation, son silence? Ne peut-il pas voir une conspiration contre lui, patente, avouée au grand jour, quand l'antagonisme lui semble la règle même d'un système coupable, criminel; doit-on s'étonner de ses protestations, de ses plaintes? Quant au lieu de faire droit à ses protestations, d'écouter ses plaintes; au lieu de l'éclairer sur ses erreurs s'il se trompe, on refuse même de l'entendre; on le bâillonne, on l'enchaîne; n'a-t-on pas tout à redouter de sa colère, de son désespoir? Ne faut-il pas, à tout prix, empêcher l'explosion du volcan, et pour éteindre le feu qui s'allume au fond de tous les cœurs, ne faut-il pas, dans l'intérêt même des privilégiés, accorder quelque chose aux prolétaires qui n'ont ni pain, ni vêtements, ni travail?

Mais non! toutes ces questions, questions vitales s'il en fut, tous ces problèmes, problèmes irrésolus, qu'est-ce que cela pour le pays légal, pour le ministère?

Les millions de prolétaires qui souffrent des rigueurs de la saison ou des tortures de la faim, n'ont pas à eux tous une voix dans un collége électoral, ils sont comme s'ils n'existaient pas : le gouvernement a bien autre chose à faire, vraiment! que de songer à nourrir les affamés et de veiller à la subsistance des pauvres.

Savez-vous ce que font les ministres?

Nous ne parlerons pas du ministre des affaires étrangères : sa politique est connue, nous savons que la Pologne est volée, que la Suisse est menacée, le pape retenu dans la voie du progrès, et que la France officielle laisse violer sa sœur, aide l'Autriche dans les montagnes du Tyrol et dans les couvents de Lucerne, appuie la réaction dans la ville des Gracques et des Rienzi; assez de hontes !

Mais il est facile de s'édifier en suivant les audiences judiciaires : par le temps de corruption qui court, les Hourdequin foisonnent et les Bénier pullulent. Les ministères de la guerre, de la marine, des travaux publics et des finances, sont encombrés de dossiers, et les procès révèlent de nobles brigandages et de riches concussions : on parvient bien à étouffer le gros de l'affaire, car on tient à épargner des têtes précieuses, de fécondes pépinières à électeurs, car c'est là que gît cette vie factice, pire que la mort; mais, le bruit se fait malgré la discrétion des commis et l'intérêt des dilapidateurs, et on se voit obligé de poursuivre pour tromper par de prétendues sévérités. L'illusion est une si belle chose !

Comment empêcher ensuite les rapprochements? Regardez ces *pauvres* directeurs, administrateurs, inspecteurs, conducteurs de chemins de fer, ils sont si peu engraissés des bénéfices de la hausse et de la baisse, qu'il faut vite leur accorder des subventions, diminuer leurs chances de pertes, leur créer des gains sûrs, afin que s'il leur arrive, par hasard, une fois en passant, de noyer quelques douzaines de voyageurs dans les marais de Fampoux, ou de brûler des centaines d'étourneaux près les viaducs de Meudon, ils puissent passer gaiement leurs quelques jours de captivité, ou faire condamner leurs heureuses victimes à payer les frais de la procédure. Quand on a pris du galon, on n'en saurait trop prendre, et l'argent des contribuables est de si bon aloi quand il sort de l'hôtel des Monnaies, qu'il ne faut pas le laisser user par une circulation exagérée. Ajoutez à cela que l'année a été si malheureuse, qu'il ne faut ni dégrever le sel, ni diminuer les ports de lettres, mais enrichir les banquiers, les agioteurs, les juifs.

Il est triste d'avoir à le répéter sans cesse, mais partout la question d'argent vient faire tressaillir les ministres pour leurs protégés, souvent leurs maîtres. les solliciteurs sont si infatigables, les employés si nombreux, qu'il faut contenter tout le monde, tout le monde nommant les députés bien entendu, et surtout les députés sages, conservateurs, amis de l'ordre, de la paix, des honneurs, de l'argent!

D'ailleurs, ce sont là les seuls favoris du jour, et ils ne se plaignent pas.

Les prolétaires meurent de faim... — Pauvres gens! disent-ils d'un air béat et pleureur; pauvres gens! c'est bien dur de mourir ainsi! mais qu'y faire? — Mon Dieu! monsieur le préfet, manger une poire de moins à votre dîner, et boire une goutte d'eau dans votre vin à votre déjeuner. — Diable! c'est grave! mais je ne puis me passer de Chambertin, et ce serait le gâter d'y mettre une goutte d'eau, et c'est si bon de causer entre la poire et le fromage !... D'ailleurs, cela dérangerait mes habitudes et j'en tomberais malade... Vous ne le voudriez pas ! »

Les prolétaires meurent de froid !... — Comment ? mais ce n'est pas possible ? Je me promène tous les jours au bois, et je regarde avec joie ce soleil brillant, faisant étinceler ces gouttelettes de neige suspendue aux arbres... Rien n'est si beau. Et puis, il ne fait pas très-froid encore !... — C'est vrai, monsieur le conseiller d'état, vous avez un gilet de flanelle, un magnifique habit de drap bien chaud, et un pardessus bien ouaté, garni de fourrures au collet et aux manches, et puis des bottes à doubles semelles bien fourrées, tandis que ce malheureux vieillard n'a pas de chaussures, et c'est à peine si son pantalon de toile grise et sa blouse d'un bleu douteux cachent ses membres glacés par la vieillesse et la bise. — Pauvre homme, que faudrait-il donc faire ? — Brûler une bûche de moins par jour. — Vous êtes fou, mon ami ; cela ne se peut pas, le bois coûte cher, et le marchand me vole sur le poids. Si votre pauvre a froid, qu'il achète un cache-nez !

Amère dérision !

Cet égoïsme qui ronge le pays légal, depuis que la règle du chacun pour soi, chacun chez soi, sert de principe à nos économistes officiels, disciples de Riciardo et de Malthus, est la conséquence logique du système corrupteur prôné et pratiqué par le gouvernement.

Le népotisme et le favoritisme ont fait des progrès si rapides que l'esprit s'effrayerait s'il voulait citer les exemples de cette corruption éhontée passée dans les mœurs du pays légal.

Il n'est plus même permis aujourd'hui de discuter

les actes et les faits de la vie matérielle, si l'on ne touche par un point quelconque à la gent officielle ; à elle seule, les faveurs et les caresses ; la justice même, dont le sanctuaire semblerait devoir être inviolable à toujours, la justice a ses accommodements. Les exemples fourmillent, nous n'en citerons que trois.

On fait grand bruit par le monde industriel d'une nouvelle idée qui vient tout à coup de surgir dans notre pays et qui menace de nombreux intérêts, au nom d'autres intérêts aussi nombreux, aussi sacrés. Le monde industriel se partage en deux camps : les uns inscrivent sur leur bannière : liberté des échanges ; les autres : protection du travail national. Les protectionistes, car ces combattants d'hier ont déjà leurs noms et leur langage, se prétendent les défenseurs des ouvriers en combattant leurs adversaires, dont la victoire amènerait la réduction des salaires : les libre-échangistes au contraire se disent les amis des prolétaires, parce qu'ils leur promettent pour un prix infiniment inférieur tous les objets de consommation usuelle. La guerre est déclarée : mais, par ordre supérieur, c'est-à-dire ministériel, les seuls intéressés, les seuls juges de la vérité sont exclus du champ-clos ; les ouvriers, les prolétaires qui demandent à s'éclairer sont repoussés. L'association pour la défense du travail national, l'association pour la liberté des échanges sont autorisées, l'association des ouvriers est interdite.

Un personnage, d'une naissance élevée, d'une fortune considérable, commet des faux ; on l'arrête, on le poursuit, le jury le condamne à la prison. Ce personnage, c'est un prince, est trop distingué pour subir la prison ordinaire. La loi pose bien des règles, mais on

saùte par-dessus les règles ; la prison se change pour
le prince en une délicieuse villa, charmante maison de
campagne, où il y a de l'air, de l'ombre, du soleil, des
fleurs, de la verdure ; et, quand l'hiver arrive, comme
on ne peut pas décemment passer l'hiver dans une
campagne isolée à l'époque des neiges et des frimas,
que l'Opéra et le café de Paris rappellent les grands
seigneurs par leurs séductions, vite on grâcie son excellence, et son excellence s'assied à une table chez
Tortoni, ou promène son binocle aux Italiens. Il n'est
pas prince pour être soumis comme le commun des
mortels au premier article de la Charte de 1830. Si
d'un autre côté de malheureux ouvriers sans travail
demandent en pleurant l'aumône qui pourra donner à
leurs enfants le pain qu'ils ne peuvent gagner, la loi
dans son inexorable justice ouvrira pour eux les portes
d'un cachot, sans pitié pour leurs femmes alitées, pour
leurs enfants chétifs.

Un dernier exemple entre mille :

De riches propriétaires industriels s'aperçoivent qu'ils
peuvent augmenter leurs bénéfices, énormes déjà, en
se rendant maîtres des propriétés voisines, qui seules
peuvent leur faire concurrence : ils s'unissent à leurs
rivaux, leur démontrent sans peine que, maîtres absolus de l'exploitation d'une denrée de première nécessité, ils en pourront régler le prix à leur volonté, et
forcer les acheteurs à obéir à leurs conditions, quelque onéreuses qu'elles puissent être... La loi est sans
armes contre eux ! Mais, qu'un ouvrier, dépouillé par
l'augmentation croissante du pain, refuse de travailler
à moins que son salaire ne soit augmenté de manière

à lui permettre de ne pas mourir de faim ; que ses camarades, aussi malheureux que lui-même, imitent son exemple, vite la prévention, puis la prison, enfin l'amende, car il y a coalition chez l'ouvrier : quel nom donnerez-vous au complot du maître ?

Hélas ! l'ouvrier, le prolétaire n'est ni électeur, ni éligible : le gouvernement a-t-il besoin d'écouter ses plaintes, de guérir ses blessures, d'adoucir sa misère ? La puissance officielle du gouvernement n'est-elle pas dans le pays légal ?

C'est avec regret que nous ne pouvons voir dans ces reproches ni exagération, ni parti pris ; c'est avec douleur que nous signalons cette déplorable vérité qui condamne le système fatal d'un gouvernement si timide devant les exigences de l'étranger, si audacieux contre l'opposition qui l'éclaire. C'est une fatalité terrible, sans doute, que celle qui entraîne les ministres du règne vers cette route hérissée de précipices qu'ils ne veulent pas voir, mais il faut considérer leur aveuglement funeste comme le commencement d'une expiation sévère.

Du moment, en effet, où l'ignorance et le mensonge sont les armes dont ils se servent pour répondre à ceux qui cherchent à les éclairer, pour détourner d'eux l'orage qui s'approche, il ne faut plus conserver de pitié : quand la gangrène attaque le membre d'un malade, il faut cesser tous les palliatifs et trancher dans le vif. Les prolétaires doivent donc suivre l'exemple du médecin ; loin d'imiter Cassandre, et de prophétiser au milieu des railleries, ils doivent déchirer le voile qui s'oppose à la manifestation de la vérité.

Ainsi, l'année qui vient de finir a vu fondre sur le pays d'épouvantables désastres : pourquoi donner au pays de folles et menteuses espérances ?

Qui donc doit se reprocher les malheurs de l'incendie, de l'inondation, et de la disette ?

Nous serions sans force pour faire retomber sur les hommes d'un gouvernement la responsabilité des calamités étranges qui parfois frappent le monde d'une immense et légitime frayeur : nous n'aurions pas de paroles de reproches contre les tremblements de terre et les inondations imprévues ; mais quand les gouvernements sont prévenus et qu'ils ne veulent pas écouter les sages avis des effrayés, quand les gouvernements sont mis en demeure et qu'ils se refusent au bien, le peuple doit-il accepter avec résignation, en silence, l'arrêt fatal dont les conséquences sont la ruine, les maladies et la mort ?

Les incendies qui se sont allumés au Nord et au Midi sont restés sans châtiment : les coupables ont échappé à la justice de la loi, à l'indignation des victimes. La police a été infructueuse dans ses recherches ; pauvre police, si impuissante contre les crimes qui menacent les individus !

Les inondations qui sont annoncées depuis cinq ans, dont les résultats sont signalés, contre lesquelles les remèdes sont si faciles, si simples, si impérieux, ont-ils donc surpris le gouvernement ? Tous les moyens légaux ont été épuisés pour combattre une détermination fatale, mais arrêtée dans l'esprit des juifs de l'époque, et aujourd'hui, les populations payent de la ruine le criminel entêtement des courtisans de la richesse.

Le pain, cette première nécessité de la vie pour les

trente et quelques millions de prolétaires qui vivent au jour le jour, le pain devient rare et cher : les avertissements ont-ils manqué au gouvernement ? L'insuffisance des récoltes lui a-t-elle été signalée ?

Mais le gouvernement ne se préoccupe pas de si peu.

Aux reproches des villageois incendiés, il répond : Les coupables nous sont inconnus ; nos ressources ne nous permettent pas de faire de plus longues, de plus actives recherches.

Aux plaintes des inondés de la Loire, il répond : La Loire est un fleuve plein de caprices ; aujourd'hui ruisseau timide, demain torrent impétueux ; nulle puissance humaine ne pouvait prévoir ses débordements. Comme si les conseils municipaux des communes de Sandillon, de Saint-Privé, Saint-Mesmin, etc. , etc. , n'avaient pas prévenu les autorités compétentes, depuis le préfet jusqu'au conseil des ponts et chaussées, depuis la lettre soumise et respectueuse jusqu'à la signification et à la cédule de l'huissier.

Dans la question des subsistances, l'impudeur est encore plus éhontée : on crée des chiffres fictifs, de fausses statistiques, des démentis menteurs : et quand on veut relever une erreur volontaire, corriger une mensongère assertion, dénier une imposture officielle, le gouvernement ne recule devant aucune extrémité pour cacher la vérité.

La presse, créée pour répandre la lumière, serait-elle devenue entre les mains des hommes officiels un misérable éteignoir ? Il faut le penser vraiment ! Ainsi, dans cette question des subsistances, si grave et si importante, puisqu'elle devrait être à l'ordre du jour dans un gouvernement préoccupé à juste titre des intérêts populaires, dans cette question des subsistances, la presse subventionnée fait parade ou de son ignorance ou de sa mauvaise foi. Comme cette accusation, malgré, et peut-être à cause de son immense gravité, pourrait être regardée comme fausse et calomniatrice, comme nous voulons que l'on sache que nous n'avançons rien sans preuve, nous ne citerons que deux faits relatifs à la cherté du pain à Paris. Il sera facile de voir avec quelle impudence s'expriment les journaux du gouvernement quand ils n'ont aucun portefeuille à défendre, aucune rivalité à combattre.

Le 10 novembre 1846, le conseil municipal de Paris vote une somme destinée à soulager l'ouvrier pauvre, en lui permettant d'acheter du pain au prix fixe de 40 centimes le kilogramme. Un journal subventionné publie à ce sujet la note suivante :

« Sur la proposition du préfet de la Seine et du préfet
» de police, le conseil municipal vient de voter un cré-
» dit de 300,000 francs pour maintenir dans Paris, en
» faveur des indigents et des ouvriers nécessiteux, le
» prix du pain de première qualité à 80 cent. les deux
» kilog., *s'il arrivait qu'il dépassât ce taux !* »

Or, dans le même journal, on lisait :

1° A la date du 14 septembre :

« Le prix du pain de première qualité est fixé pour
» la seconde quinzaine de septembre à 41 centimes
» le kilogramme ! »

2° A la date du 30 septembre :

« Le prix du pain de première qualité est fixé pour
» la première quinzaine d'octobre, à 43 centimes le
» kilogramme ! »

3° A la date du 14 octobre :

« Le prix du pain de première qualité reste fixé à
» 43 centimes pour la seconde quinzaine d'octobre! »

4° A la date du 31 octobre :

« Le prix du pain reste fixé au même prix pour la
» première quinzaine de novembre ! »

Était-ce par ignorance ou mauvaise foi que le *Journal des Débats* écrivait cette condition, « *s'il arrivait*
» *qu'il dépassât ce taux*, » quand depuis deux mois
il avait été franchi?

Mais ce n'est pas tout.

L'*Époque*, ce journal ministériel aussi connu par
ses procès pécuniaires que par ses réclames fantastiques, adressait à un journal des démentis effrontés en
date du 11 novembre 1846, en ces termes :

« La *Réforme* ment en déclarant que le pain sera in-
» cessamment porté à 46 centimes le kilogramme! »

Or, l'*Époque* publiait le lendemain la note ridicule
et odieuse des *Débats*, et le 15 novembre elle publiait
la note suivante :

« A partir de demain, 16 novembre, le prix du pain
» est fixé à 46 centimes le kilogramme ! »

Ces preuves en main, le gouvernement peut-il dire
qu'il se préoccupe des intérêts des classes souffrantes?
Ses organes sont là pour démentir ses assertions mensongères; et avons-nous tort de répondre à de vaines
protestations :

Mensonge! mensonge! vous n'avez pas de soucis du
peuple!

Résumons-nous.

La situation du pays est des plus critiques.

Les banquiers et les agioteurs tremblent sur leur

trône d'or, car les faillites enregistrées chaque jour menacent la fortune des gens qui ne vivent que sur le crédit, et sur l'apparence de la paix ; les embarras financiers du trésor se trahissent par des emprunts au dehors ; le commerce s'épuise et meurt ; la prostitution s'affiche ; la corruption s'étale ; le pauvre meurt de faim, l'ouvrier de misère ; et, en présence des calamités qui désolent la France, de l'inondation qui ravage ses plus riches provinces, de la stérilité qui frappe ses plus fertiles campagnes, le gouvernement grimace des sourires d'espérance menteuse, et se félicite de ses succès diplomatiques. La misère, les maladies, la mort même, sont des spectres que la gent officielle, éblouie par l'éclat des diamants et des millions, ne veut pas voir.

Pour nous, hommes du peuple, nous laisserons le gouvernement s'endormir dans sa joie, et se vanter de ses triomphes.

Hommes du pays légal, hommes du privilége, représentants de quelques centaines de milliers d'électeurs, c'est vous que le gouvernement félicite de ses vaniteuses flagorneries, et c'est vous qui lui adressez une réponse anodine et encourageante. Vous pouvez laisser le système s'engager dans la route funeste qu'il a suivie jusqu'à ce jour ; vous pouvez lui donner une énergie nouvelle qu'il lui sera loisible de dépenser contre les libertés conquises dans nos deux révolutions, vous pouvez même répudier l'héritage transmis par la Charte et confié par elle à la loyauté du peuple français ; mais alors, vous compromettrez plus sûrement, plus rapidement cette position privilégiée que vous vous êtes faite, vous donnerez une nouvelle puissance à la démocratie. Vous avez cru laisser s'éteindre la torche du despotisme au milieu du sang versé par les esclaves de la Gallicie ; grâce à votre honteux silence, la démocratie française vous a devancés, et sa protestation solennelle a touché tous les cœurs loyaux et indépendants. Continuez cette politique égoïste : aux plaintes des prolétaires, répondez par des secours aux agioteurs ; aux souffrances du peuple, n'appliquez de remède que le silence du dédain. Mais, si vous oubliez, le peuple se souvient ; si la fraternité est morte au pays légal, elle vit dans le cœur du citoyen pauvre ; si l'exploitation s'agenouille devant le veau d'or, la vérité tend la main à la justice ; et, après le despotisme, viendra la liberté.

Quand tout espoir sera perdu auprès de vous, quand le peuple ne pourra plus conserver d'illusion sur votre impuissance, son triomphe alors sera proche.

Aujourd'hui, vous pouvez encore éviter de sanglantes représailles en donnant à vos frères déshérités la part de ce pouvoir qui leur est dû, en les consultant sur leurs besoins et sur leurs espérances ; à cette condition, vous rétablirez l'union sociale qui est brisée, vous consoliderez votre fortune en assurant le bien-être des prolétaires, et sûrs de l'appui que vous trouverez dans le peuple qui vous soutiendra, vous pourrez parler haut aux despotes qui volent des contrées enchaînées et torturent des peuples libres : à ces conditions, sans luttes, sans efforts, vous aurez ce que vous désirez le plus vivement au monde, la paix au dehors, la sécurité au dedans.

Demain, il serait trop tard !

ADRESSE

DE LA CHAMBRE DES PAIRS.

Nous nous souvenons de la condamnation subie par le courageux rédacteur en chef du *Journal du Peuple* ; nous adhérons à la déclaration publiée alors unanimement par la presse indépendante, aussi avons-nous cru devoir ne point parler de la Chambre des Pairs.

A quoi bon, d'ailleurs, dire que les Pairs, chargés d'années et de serments, ont voté une adresse qui paraphrase le discours royal, mettant *Nous* là où il y avait *Je?*

Tout le monde ne sait-il pas que la vieillesse qui tombe dans la décrépitude n'a plus pour consolation que le radotage?

UN MOT AUX RADICAUX.

Les radicaux peuvent donner à une *œuvre indivi-duelle l'importance d'un manifeste;* ils peuvent bien admettre que M. Thiers rachète ses défauts par un *sentiment national* qui manque à M. Guizot; ils peuvent supposer que M. Thiers a *étendu, agrandi, fortifié* son parti; ils peuvent trouver dans les développements des discours de M. Thiers le *nec plus ultrà* de la forme gouvernementale, libre à eux d'accepter les opinions d'un homme (1) qui n'a pas craint d'abjurer ses principes et de repousser l'héritage glorieux de son père. Mais que les radicaux ne se trompent pas sur leur position nouvelle! le peuple n'est pas plus avec eux qu'avec les libéraux de 1829, qui ont foulé aux pieds la révolution de juillet, après lui avoir dû leur fortune, leur pouvoir, leurs faveurs.

(1) M. H. Carnot, député de la Seine, qui, dans une brochure intitulée : *Les Radicaux et la Charte*, vient de publier son adhésion au gouvernement constitutionnel de 1830, s'appuyant sur M. Thiers et la gauche dynastique.